杭州市萧山区
第一次全国可移动文物普查成果

绘画卷

杭州市萧山区第一次全国可移动文物普查办公室　编

文物出版社

图书在版编目（CIP）数据

杭州市萧山区第一次全国可移动文物普查成果．绘画卷/杭州市萧山区第一次全国可移动文物普查办公室编．--北京：文物出版社，2016.12

ISBN 978-7-5010-4810-6

Ⅰ．①杭… Ⅱ．①杭… Ⅲ．①文物－萧山区－图录②中国画－作品集－中国－古代 Ⅳ．①K872.554.2

中国版本图书馆CIP数据核字(2016)第301981号

杭州市萧山区第一次全国可移动文物普查成果·绘画卷

编　　者：杭州市萧山区第一次全国可移动文物普查办公室

责任编辑：王　媛
责任校对：孙　雷
责任印制：张道奇

出版发行：文物出版社
社　　址：北京市东直门内北小街2号楼
邮　　编：100007
网　　址：http://www.wenwu.com
邮　　箱：web@wenwu.com
经　　销：新华书店
制版印刷：北京图文天地制版印刷有限公司
开　　本：889×1194　1/16
印　　张：12
版　　次：2016年12月第1版
印　　次：2016年12月第1次印刷
书　　号：ISBN 978-7-5010-4810-6
定　　价：218.00元

总　序

　　人类在上万年的文明进程中，以特有的聪明才智与不断探索的精神改造了世界，创造了辉煌的文明，留下了浩如烟海的文化遗产。这些文化遗产有物质的，也有非物质的。物质的文化遗产也就是人们通常所说的"文物"，有不可移动的，还有可移动的。在"物"的前面加上一个"文"字，表明此"物"是人类文明的产物，以别于自然生成的"物"。

　　我们的先祖在文明初创时期，将自然生成的树木、玉石、矿藏、泥土等物质进行加工、制作，改变其本有的属性，成为具有文化属性的木器、石器、骨角器等生产工具和生活用具。尤其是在长期使用火的过程中，发现松软的泥土经烈火的洗礼会变得非常坚硬，于是利用这种特性发明了陶器。陶器的制作不同于其他质地物品的加工，它是泥土在产生了质变后最终成的一种器皿，是人类文明初期认识世界、改造的世界的伟大创造。陶器的出现，为人们储存粮食作物提供了容器，为炊煮熟食带来了便利，在人类文明史上具有划时代的意义。

　　当下的我们无法想象，史前时期的人们是如何与自然抗争、与灾难抗争的，为了求得生存、获得食物又是如何与野兽搏斗的。在生产力极其原始的境况下，人类却还能不断发展，不仅创造了极为丰富的物质文化，还创造了繁花似锦的精神文化。人口的繁衍，物产的积累，文化的创造，为人类社会进入崭新的历史时期奠定了不可或缺的基础。试想，没有史前先民们在艰难环境下的生息繁衍和了不起的创造，何来后世伟大的中华文明？何来现在的强大国家？这一切的一切，哪一点不值得我们颂扬，哪一点不值得我们珍惜，哪一点不值得我们呵护？

　　地处中国东南一隅的萧山位于浙江东北部，北滨钱塘江与杭州市隔江相望，南接历史文化名城绍兴。萧山隶属杭州市，这个区县级城市却有着 8000 年的文明史。跨湖桥文化遗址的发现与发掘，展现出萧山远古时期的辉煌。萧山是中国瓷器的源头之一，从浦阳江流域的进化到永兴河流域的戴村，自春秋至南朝，上千年窑火绵绵不断，焙烧出古朴青翠的陶瓷器。句践、西施、范蠡等在这片土地上留下了不朽的印迹。固陵城、航坞山、商周聚落遗址、土墩墓如满天星辰，浓郁的越文化洒遍萧然大地，谱写出庄严的越地圣歌。萧山自古还是南北通衢的繁华之地，世界遗产大运河横贯东西，漕运、商贸，百舸争流。建县 2000 多年来，萧山孕育出无数志士仁人，唐代诗人贺知章的《回乡偶书》咏遍华夏大地；杨时围湘湖，张夏筑海塘，造福后世，千秋传颂；民族英雄葛云飞奋力抗击英夷侵略军，为国捐躯；"萧山相国"朱凤标力主抗击英法联军，为清廷少有之主战派，铁骨铮铮，映照世人；"海上四任"开创了近现代崭新的画风，影响深远。

文物是文化的载体，是历史信息的再现。当数千年前的遗物穿越时空展现在我们眼前时，或感慨，或震撼。通过文物与古人隔空对话，爱乡、爱国之情油然而生。这就是文物的魅力，这就是文化的力量。

文物是不可再生的，在天灾人祸不断侵害下，先人千万年来遗留的印迹正在飞速消失，保护好我们珍贵的文化遗产已是刻不容缓。2013 年，第一次全国可移动文物普查在萧山同步展开。虽无浩大的声势，但我们的普查队员们却有着保护文物的坚定信念和脚踏实地的作风，克服了人员少，被普查方不理解、不配合，系统外收藏单位无专业力量等重重困难，实现了普查范围 100％的目标。以萧山博物馆为骨干，区文广新局文物科抽调力量所组成的普查队，在保质按时完成萧山博物馆文物藏品普查任务的前提下，深入每个系统外收藏单位，直接进行藏品的认定、图片拍摄、信息采集、文字登录等工作，从而保质保量，圆满完成了普查的各项任务。普查实现了摸清家底，掌握萧山各国有单位文物收藏情况的目的。有利于准确掌握和科学评价萧山文物资源情况和价值，建立文物登录备案机制，健全文物保护体系，加大保护力度，扩大保护范围，保障文物安全。有利于进一步保障文物资源整合利用，丰富公共文化服务内容，有效发挥文物在国民经济和社会发展总体布局中的积极作用，为促进文化强区建设奠定良好的基础。

普查共登录文物藏品 4282 件（套），其中一级文物 25 件（套）、二级文物 131 件（套）、三级文物 1390 件（套），约占总数的 40％。在这些文物中，又以陶瓷器和书画数量最多。

陶瓷器共 1503 件（套），涵盖远古时期的跨湖桥文化各类陶器，商周时期的印纹硬陶与原始青瓷，两汉时期的印纹硬陶与早期青瓷，三国两晋南朝越窑、瓯窑、德清窑、湘阴窑青瓷器，隋唐宋元越窑与龙泉窑青瓷器、景德镇窑青白瓷，明清景德镇窑青花、粉彩等瓷器，时代连贯，窑口众多，品种丰富，仿佛是一部简编的中国古陶瓷发展史。尤其突出的是商周至六朝时期的陶瓷器，种类繁多，精品迭出，反映了萧山厚重的早期陶瓷文化，是萧山作为中国瓷器发源地之一的重要物证。精美的印纹硬陶与早期青瓷器是萧山博物馆的特色藏品，绝无仅有的西晋越窑青瓷人物俑是萧山博物馆的镇馆之宝。

萧山曾有"丹青之乡"之称。跨湖桥遗址的彩陶器翻开了萧山美术史的灿烂篇章。南宋大书家张即之名震海内外，为始建于南朝的古刹觉苑寺书写"江寺"二字，匾于山门。元代书画大家赵孟頫亲笔为萧山县学重建大成殿碑记挥毫，鲜于枢的小楷书于碑阴，二大家合书一碑，可谓珠联璧合，以至于该碑被奉为"江南第一碑"。近代史上的"海上画派"更是开启了中国绘画史崭新的风气，萧山任伯年是"海派画坛"中的巨擘，更是一代画家中的领军者。在普查登录的 1485 件书画文物中，有 900 多件属于国家三级以上珍贵文物。其中不乏文徵明、章声、王树毅、俞龄、诸昇等明至清初书画名家的作品，更多的是汤金钊、葛云飞、朱凤标等萧山历史名人的佳作遗墨，以及任熊、任薰、任预、丁文蔚、胡术、朱文钧、朱家济等萧山本土书画名家和虚谷、蒲华、赵之谦、吴昌硕等"海派"书画家的作品，还有"南社"社员诸多墨宝和"西泠八家"的力作。可谓名家云集，精彩纷呈。

在为数不多的金属类器皿中，出土于湘湖压湖山的五方新莽时期"大泉五十"叠铸铜母范，是新莽时期货币制度的重要物证，十分珍贵；东汉吴越人物纹铜镜刻划了吴王夫差、越王句践、范蠡、伍子胥、越女等几组人物，生动再现了人物的性格特征；出土于河庄蜀山的良渚文化玉璧是当时良渚文化跨过钱塘江的重要线索，给考古学家提供了新的启示。

让普查队员感到欣慰的是，除萧山博物馆以外，区内另有 8 家国有单位收藏有可移动文物，藏品共 482 件，数量虽不算多，但具有一定的时代特征和地方特色，尤其是民国以来的家具、书籍和生活用品等较为重要。这些系统外国有单位的收藏品，不仅填补了国有博物馆的一些空白，更反映了系统外国有单位对文物和文化遗产保护利用的重视。

把普查的成果及时回报给社会是我们普查者的心愿，因此在普查各项任务完成后即将普查成果汇编成书公开出版，以飨读者。

是为序。

施加农

前言

　　绘画艺术是中华民族智慧与创造力最集中的表现之一，既反映了时代的心声，又积淀了民族的精神。

　　萧山拥有8000年文明史和2000多年建县史，深厚的历史文化底蕴造就了一大批传奇人物，如贺知章、楼英、魏骥、毛奇龄、汤金钊、葛云飞、朱凤标、任熊、任薰、任颐、任预、周易藻、汤寿潜、来裕恂、蔡东藩、施今墨、朱文钧、沈定一、金润泉、金海观、朱家济、来楚生、韩登安、朱家潜等等。其中很多在绘画领域成就斐然，如"海上四任"任熊、任薰、任颐、任预，晚清海派六十家之一的胡术，都是活跃在清末画坛的领军人物；还有丁文蔚、任百衍、陆成栋、沈成烈等，也曾在绘画史上留下浓墨重彩的一笔。据记载，萧山自清代以降竟成丹青之乡，有近200位画家曾活跃在画坛，可见萧山与中国近代绘画颇有渊源。

　　萧山区通过四年的普查工作摸清了全区文物的"家底"，取得了丰硕的成果。为及时展示普查成果，区普查办决定将普查成果精选分类汇编出版。

　　通过第一次全国可移动文物普查，萧山区共登录书法绘画作品1485件，占文物登录总数的34.68%。本书共收录绘画精品154件，分为山水、人物、花鸟、扇面、册页五大类，年代集中在清至民国时期，以江浙画家作品为主，其中有不少杭州乃至萧山的画家作品。

　　清初画坛以山水画最为兴盛，名家辈出，流派纷呈。画家章声，与父兄并称"钱塘三章"，其父章谷擅画山水和人物肖像，章声与兄章采均承父艺，山水尤工，所作山水宗法五代荆浩、关全而无宋元以来婉媚之习。本书收录的《仿王摩诘笔意山水图轴》，笔墨工细，布局严谨。图近处为一巨石，其上树木苍翠，右侧潺潺溪水径流而出，左边居舍楼阁掩映于绿荫丛中，山间小道上有二老者神情恬然、谈笑风生。画面中段，左右两山对峙，用墨浓淡相间，既表现出画面的空间感，又是远近山景的巧妙过渡。远山以淡墨勾画，气势巍然，间有瀑布飞泻。整个画面气势磅礴，山势错落有致，疏密得当，用笔染墨十分细腻，堪称章声代表作。史颜节，山阴（今浙江绍兴）人，擅画墨竹，最喜作风、雨、雪、月四种，皆一一毕肖其形。尝被系图圄，染翰不辍，狱卒多得其画，事白而技益进。本书收录的《山水图轴》作于清康熙十八年（1679），尺幅硕大。

远山重峦叠嶂，气势雄伟。画面布满筱竹，密若云雾。竹荫丛中掩映一舍，一叟端坐其中，情意恬然，一童侍其右。舍边山涧溪流涓涓，极富情趣。山体以线条勾勒，淡墨烘托，略加披麻皴，使之错落有致。筱竹用细笔勾画，浓淡相间，密处成丛，反映了画家的典型风格。

清初山水画众彩纷呈，花鸟画亦风格多样，相对而言人物画有些寂寥，但也涌现出一些名家，如王树毂等。王树毂，仁和（今浙江杭州）人，工写人物，笔法师陈洪绶而得其清稳，尤精于白描，所作衣纹秀劲，设色古雅，一时工人物者无出其右。本书收录的《仕女婴戏图轴》作于清雍正十年（1732），线条秀劲灵动，情景生动欢快。图绘仕女倚石而立，头挽高髻，发丝清晰可见，面部丰盈，神色恬静，注视右侧二幼童。一童手持花枝在上，另一童手提石榴、欲夺花枝，嬉戏逐闹，颇为生动。俞龄，浙江杭州人，工山水、人物，画马如得曹、韩心传，至图写凡兽，精神骨相尤妙。本书收录的《文姬归汉图轴》作于清康熙四十九年（1710），以东汉末年曹操派使者以重金将流落在匈奴的才女蔡文姬迎接回国的故事为题材。画面中共有大小人物38个、马20匹。虽然人物众多，但个性鲜明，无一雷同，尤其是汉人与匈奴人的特征区别明显。画面最上部骑马的4人为前来迎接的汉人，均身着宽袖袍、头戴冠，气质儒雅；紧跟着为5个骑马匈奴人，着皮毛衣帽，体形彪悍，面生虬髯，佩刀带弓箭，应为匈奴族派出的护送人；画幅下部人物集中，有马车、驼队、帐篷，只见文姬弓身立于帐前，幼子双膝跪地拜别生母，文姬痛绝，左手扶儿，右手拭泪，其夫亦掩面而泣。离别的场景刻画地真切感人，十分细腻，尤其是主人公蔡文姬面对将要离别的夫君及子女，悲伤之情跃然脸上，眉宇间透露出几分无奈和愧疚，可谓入木三分。此外曹有光《松峰寻幽图轴》，诸昇、戴有《竹林七贤图轴》等清初画作均为珍品。

19世纪中叶，上海经济发展迅速，贸易兴盛，成为东南地区最繁华的大都会，吸引了各地画家聚集于此，鬻画为生，形成了中国近代以来最为重要的绘画流派之一——海上画派。

吴昌硕，浙江安吉人，吴派篆刻的创始人，海派书画的杰出代表，最擅长写意花卉，名重一时，并影响于后世。其将书法篆刻的行笔、运刀、章法融入绘画，形成了富有金石味的独特画风。蒲华，浙江嘉兴人，与吴昌硕齐名，诗书画皆擅，尤爱画竹，其墨竹百年间无人堪与比肩，人称"蒲竹"。高邕，字邕之，工书法，《海上墨林》记载其"早有书名，体擅各家，根据篆隶，独行其是。画也偶作，意在八大石涛间"。本书收录了吴昌硕、蒲华与高邕三人合作的《花卉图轴》，浑然一气，神形相合。画面由山石、竹、菊组成。右上角为蒲华题款："采菊东篱下，悠然见南山。晴川兄大人嘱，仿陈道复本，即博一粲。邕之写石，仓硕画菊，作英补竹。"三人合作十分罕见，尤显珍贵。

萧山人任熊、任薰、任预、胡术均为海上画派代表人物。任熊是海上画派的先驱，与任薰、任颐、任预并称"海上四任"，山水、花鸟、人物兼能。人物画宗法陈老莲，衣褶如银钩铁画。花鸟画双勾重彩和没骨写意兼收并蓄，师法宋人和徐渭、陈淳、恽寿平等笔墨技法。任熊作为开派之祖，亦是声名卓著的"沪上三熊"、"海上四任"的中心人物，他的一生虽然短暂，但取得了颇为显赫的艺术成就。其绘画师法中国古代绘画传统，又善于借鉴民间艺术和西洋画的技法，敢于创新，富有创造性，不仅影响了与之一脉相承的任薰、任颐的艺术创作，也深刻影响了海派绘画的风格，为后来的海派画家开创了新的领域，尤其为一代巨匠任伯年的崛起铺陈了道路，起到了承前启后的重要作用。本书收录的《花卉图轴》以墨、色直接涂染，墨笔勾勒叶脉，细笔点花蕊。上下错落，疏密相间，色彩纷呈，姿态雍容。任薰是任熊胞弟，绘画受其兄影响，画风亦相近，人物造型比任熊更为夸张奇险一些，亦擅花鸟。本书收录其《花鸟四条屏》。任预，任熊之子，擅山水、人物。初无师承，纯以天然秀出尘表，自有一种风趣，但风格的演变还是源于任熊、任薰。后得赵之谦指教，绘画另辟蹊径。本书收录其《山水斗方》。胡术，海上六十名家之一，工人物及花鸟，人物上窥陈洪绶，近接任熊。本书收录的《独立数归鸭图横披》和《仿冷吉臣人物图轴》，反映了其不凡的绘画技艺。

此外，本书还收录了近现代海派名家如张熊、吴谷祥、钱慧安、顾若波、黄山寿、金心兰、陆恢、吴徵、王一亭、赵叔孺、江寒汀、汪亚尘、陆抑非、唐云等的作品。

成果的展示和利用不仅是对普查工作的总结和提炼，更是进一步宣传文物普查意义、普及文物保护知识的有效渠道。希望广大读者在共享普查成果的同时，能更多地关注和参与到文化遗产的保护与传承中来。

目录

人物

花鸟

山水

1. 清 曹有光 松峰寻幽图轴

绢本设色 纵 176、横 91 厘米

曹有光（生卒年不详），字子夜，又字西畸，吴县（今江苏苏州）人，一作安徽绩溪人，寄寓杭州西湖。康熙三年（1664）进士。工书擅画山水、花卉，所作笔墨秀雅，意境幽深，别有情趣，花卉草虫，傅染恬洁，字亦如之，有名于时。

2. 清　章声　仿王摩诘山水图轴

绢本设色　纵 196.7、横 96 厘米

章声（生卒年不详），字子鹤，号俭斋，清顺治、康熙年间仁和（今浙江杭州）人。父谷工山水，擅写真，声与兄采，能承父艺，山水尤工。所作雪山大幅，笔墨谨严，结构雄伟，乃胎息荆、关，绝无宋元以来婉媚之习。兼工花鸟，勾染得法，设色明丽。

3. 清 史颜节 山水图轴

绢本　纵 186、横 95 厘米

史颜节（1596 ~ ？），字睿容，一字睿子，山阴（今浙江绍兴）人。擅画墨竹，最喜作风、雨、雪、月四种，皆一一逼肖其形。每作山坳浦口，绿篠成丛，烟云烘销，如过渭滨淇澳，使人神移。尝被系图圄，染翰不辍，狱卒多得其画，事白而技益进。

4. 清 顾星 灵峰积雪图轴

绢本　纵 190、横 48 厘米

顾星，生平待考。

绘画卷

5. 清 孙人俊 荆园图卷

绢本 纵 199、横 32 厘米

孙人俊（生卒年不详），字瑶原，一作理原，
江宁（今南京）人。山水学巨然，尤擅画驴。

6. 清　干旌　仿李希古设色山水图轴

绢本　纵 107.5、横 40 厘米

干旌（生卒年不详），字文昭，清初杭州人。工书擅画，山水深入宋元人之室。

7. 清　施溥　仿赵千里设色山水图轴

绢本　纵 192、横 49.5 厘米

施溥（生卒年不详），字子博，康熙年间钱塘（今浙江杭州）人。山
水摹吴镇、倪瓒，墨兰竹石亦古劲。

8. 清　孙铨　墨笔山水图轴

纸本　纵 59、横 111 厘米

孙铨（生卒年不详），字鉴堂，号少迂，又号小迂，江苏昆山人。乾隆四十五年
（1780）举人，官山东阳信知县。工书法。少好写生，尤擅兰竹。中年兼画山水、
人物，悉有古韵。间写仕女及女仙像，风神闲静，均非凡工可及。

9. 清　无款　设色山水图轴

绢本　纵 197、横 45 厘米

10. 清　叶恒　山水图轴

纸本　纵126、横38厘米

叶恒（生卒年不详），字亘峰，号东海闲农，浙江平湖人。工诗，善书、画，画尤擅山水。初师王翚，后去而宗王鉴、王原祁。长于小幅，绝不经意之作，尤妙合古。

11. 清 厉志 水墨山水图轴

纸本 纵146、横39.5厘米

厉志（1804～1861），字骇谷，号白华山人，又名白华居士，晚年改名厉允怀，笔名景阳氏。诸生，诗、书、画三才齐备。工诗，擅书画，行草学明人。山水兰竹有李檀园逸趣，中岁患目眵，而书画益进。捉管疾扫，全以神行，故无不妙。

12. 清　孙春荣　赤壁夜游图轴

纸本　纵116、横45厘米

孙春荣，生平待考。

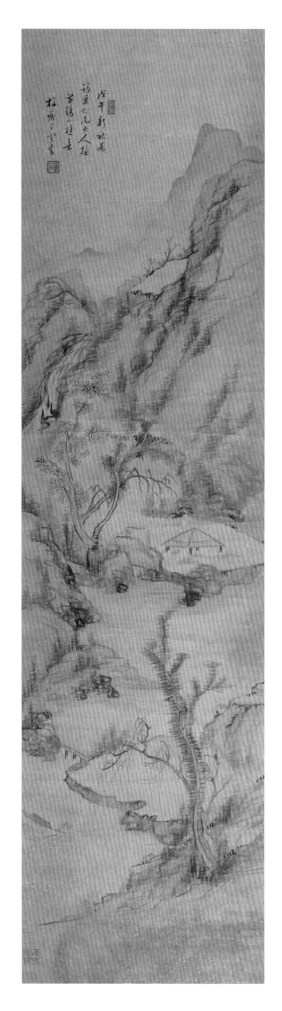

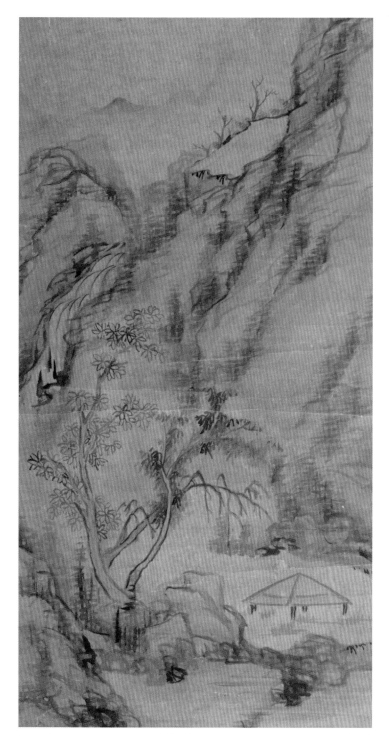

13. 清　王云　山水图轴

绢本　纵151.5、横40.5厘米

王云，生平待考。

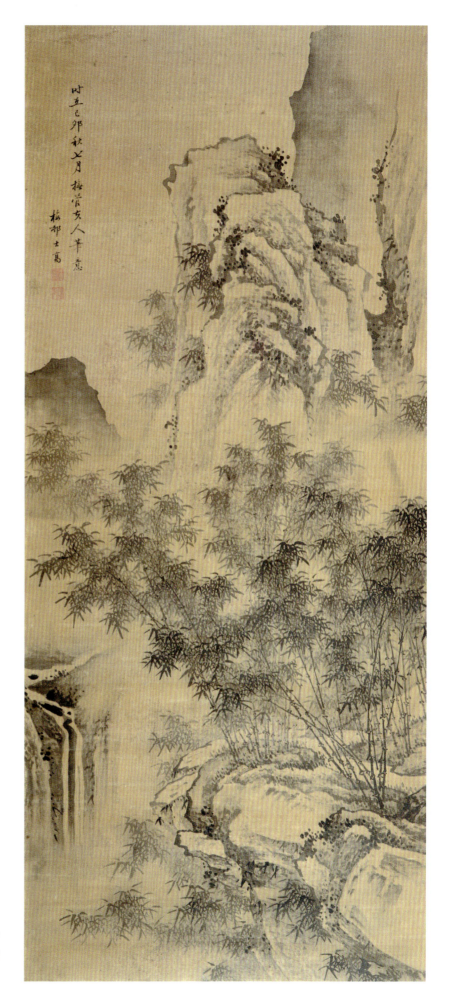

14. 清　金士高　仿管夫人山水图轴

绢本　纵93、横40厘米

金士高（生卒年不详），字尚志，号梅邨，钱塘（今浙江杭州）人。墨竹师吴秀。

15. 清 徐溶 溪山无尽手卷

绢本 纵243、横35.5厘米

徐溶（1662～1735），江苏吴江人，字云沧，一作云苍，号杉亭，更号白洋山人。擅诗、画。初画山水，泛学无宗。中岁得师王翚，遂大变。笔墨苍秀，小幅及浅绛尤妙。

16. 清 吴徵 山水图轴

纸本 纵140.5、横38.4厘米

吴徵（1878～1949），字待秋，以字行，号春晖外史，又号鹭
鸶湾人，别署括苍亭长，崇德（今浙江桐乡）人。官居京兆知
事。晚清画家吴滔次子，与吴湖帆、吴子深、冯超然合称"三吴
一冯"，又与赵叔孺、吴湖帆、冯超然同誉为"海上四大家"。
擅长山水、花卉、书法，间作佛像及人物画。曾任职于上海商务
印书馆，为西泠印社社员。

17. 清 何维朴 山水图轴

纸本　纵124.6、横47厘米

何维朴（1842～1922），字诗孙，晚号盘
止，亦号盘叟，又号秋华居士、晚遂老人，
湖南道县人。室名颐素斋、盘梓山房。何绍
基之孙。以山水画著称，宗娄东派。书摹其
祖何绍基亦得其形似。

18. 清　李祯　山水图轴

纸本　纵 105.3、横 35 厘米

李祯（生卒年不详），字晓芙，号苦李，山阴（今浙江绍兴）人。擅花卉，似李方膺、李鱓。兼工篆刻，师吴俊卿（吴昌硕）。

19. 清　顾若波　山水图轴

纸本　纵 64.8、横 32.8 厘米

顾若波（1835～1896），名沄，以字行，改字浚川，号云壶、壶翁、壶隐病鹤、颂墨、云壶外史，江苏吴江人。室名自在室。晚清海派名家。工山水，其画泽古功深，汇四王、吴、恽诸家之长，用墨润泽，清丽疏古，气韵秀出。间作花卉、人物，近于新罗。

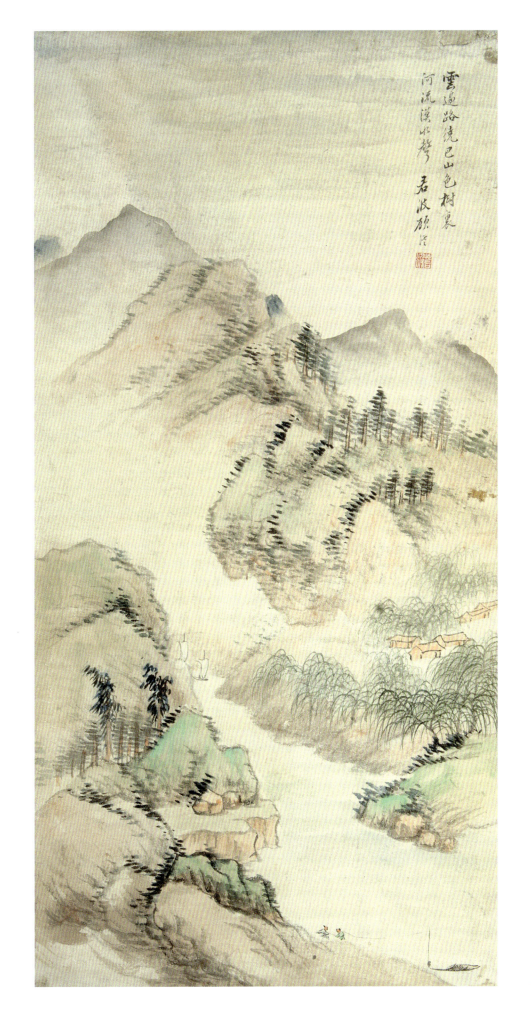

雲邊路遶巴山色樹裹
阿流漢水聲　君波顧沄

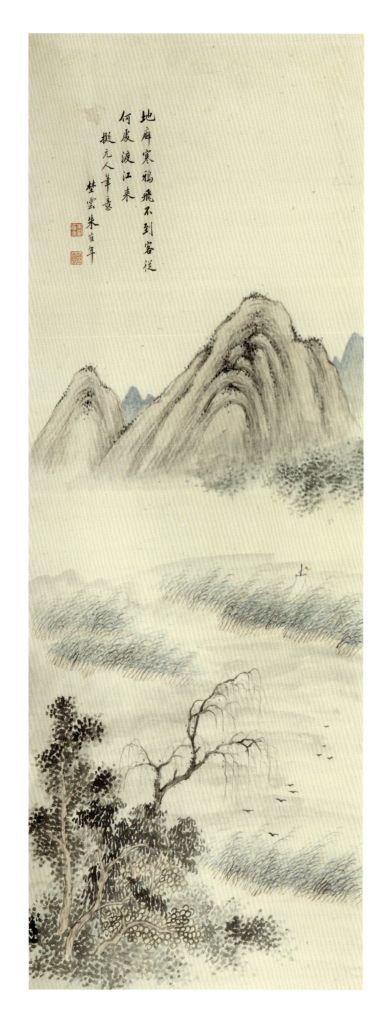

地僻寒鸦飞不到客从
何处渡江来
拟元人笔意
楚云朱鹤年

20. 清　朱鹤年　山水图轴

纸本　纵 83、横 23 厘米

朱鹤年（1764～1844），字野云，号野堂、野云山人等，江苏泰州人。生活于清乾隆、嘉庆至道光年间，后寓居北京。擅画山水、人物、仕女、花卉和竹石，尤以山水、人物画著称。与当时的名画家朱昂之、朱本并称"三朱"。

21. 清 吴谷祥 山水图轴

纸本 纵131.4、横32.7厘米

吴谷祥（1848～1903），原名祥，字秋农，初字蓉甫，别号瓶山画隐，晚号秋圃老农，浙江嘉兴人。山水远宗文、沈，近法戴熙，亦擅花卉、仕女，用笔苍劲，设色清丽。俞曲园评其画为"神品"。清末在上海鬻画，时画风习尚纵横草率，而其独能不落时尚。

22. 清　徐来琛　梅花铁树山房图轴

绢本设色　纵 112、横 54 厘米

徐来琛（生卒年不详），字小村，号研石山樵，吴县（今江苏苏州）
诸生。画山水苍劲浑厚，工诗。

23. 清　吴祺　梅山寻幽图轴

绢本设色　纵 151、横 39 厘米

吴祺（生卒年不详），一名颐年，字养怡，一字以拒，号六怀、西
麓樵子、寿伯甫，钱塘（今浙江杭州）人。斋室名醉经书馆。

绘画卷

24. 清　查学镠　江山风帆图轴

绫本墨笔　纵 134、横 49 厘米

查学镠，生平待考。

25. 清 吴思忠 江干送别图轴

纸本墨笔 纵 101、横 37.5 厘米

吴思忠（生卒年不详），字孝侯，一字靖陈，江宁（今江苏南京）人。贡生。罗泘画弟子，与崔筠谷齐名，尤擅画猿，人称"吴猴"。书法宋人，画宗元人，时称双绝。尤耽吟咏，著有《清溪草堂诗集》。

26. 清　陶元藻　山水图轴

纸本墨笔　纵 120、横 60.5 厘米

陶元藻（1716～1801），字龙溪，号篁村，又号凫亭，会稽（今浙江绍兴）人。乾隆贡生，九试棘闱，屡荐不得上，历游燕、赵、齐、鲁、扬、粤、瓯、闽之境。诗文均负盛誉。

27. 清　秦炳文　山水四条屏

纸本　纵 98.1、横 21.6 厘米

秦炳文（生卒年不详），初名火罨，江苏无锡人。道光二十二年（1842）
举人，官户部主事。精鉴赏。画擅山水，初师王鉴，后宗黄公望、吴镇。

树木稠多屋不理少難
花竹石階迤自狼泉可
曬山芳游四時住趣此写
之謀甲申重陽後三日
□□□人子祥張熊

28. 清 张熊 山水图轴

纸本墨笔 纵121、横54.6厘米

张熊（1803～1886），字寿甫，号子祥，别署鸳湖外史、鸳湖画隐、鸳湖老人等，秀水（今浙江嘉兴）人。室名银藤花馆。工花卉，古媚如王武，纵逸似周之冕，兼作山水人物。书工行、隶，擅篆刻。

29. 清 胡远 山水图轴

纸本设色 纵106、横41厘米

胡远（1823～1886），名公寿，号小樵、瘦鹤、横云山民等，以字行，华亭（今上海松江）人，寓上海。工画山水、兰竹花卉，尤喜画梅，喜用湿笔，自成一格，是海上画派画家之一。书法尚颜真卿、李邕一脉。

30. 清　陈豪　山水图轴

纸本设色　纵 66、横 28 厘米

陈豪（1839～1910），字蓝洲，号迈庵、墨翁、止庵、怡园居士，仁和（今浙江杭州）人。陈叔通之父。同治九年（1870）优贡生，官湖北汉阳知县。光绪三年（1877）知房县。工诗及书法，学苏轼。画山水，用墨干湿并举，意境超逸，神似戴熙。又能画花卉，有更深功力，设色运笔，能得罗南河的神韵。

31. 清　吴滔　山水斗方

纸本墨笔　纵28、横34.5厘米

吴滔（1840～1895），字伯滔，号铁夫，又号疏林，浙江石门（今桐乡崇德）人。能诗擅书，终年杜门作画，晚年山水雄放，苍秀沉郁，水墨淋漓，与吴昌硕、吴秋农合称"三吴"。

32. 清 金心兰 山水图轴

纸本墨笔 纵 107、横 36.3 厘米

金心兰（1841～?），字心兰，号冷香，又号瞎牛，一号瞎牛庵主，自署冷香馆主人，长洲（今江苏苏州）人。工山水，私淑"小四王"之一王宸。擅长花卉，画梅尤其特长，似汪士慎。晚年病目，失视复明，墨法精湛，卒年七十余。有《金瞎牛诗集》。

33. 清 陆恢 山水斗方

纸本墨笔 纵29、横38.1厘米

陆恢（1851～1920），原名友恢，一名友奎，字廉夫，号狷叟，一字狷庵，自号
破佛庵主人，原籍江苏吴江，久居吴县（今江苏苏州）。书工汉隶，画则山水、人物、
花鸟、果品无一不能。

34. 清 任预 山水斗方

纸本设色 纵 26.5、横 31.2 厘米

任预（1853～1901），字立凡，浙江萧山人。任熊之子。擅山水、人物。初无师承，纯以天然秀出尘表，自有一种风趣，但风格的演变还是源于任熊、任薰。后得赵之谦指教，绘画另辟蹊径。

35. 清 郑文焯 山水图轴

纸本 纵76.1、横40.7厘米

郑文焯（1856～1918），字俊臣，号小坡，又号叔问，奉天铁岭（今属辽宁）人，尝自称山东人。光绪举人，曾任内阁中书，后旅居苏州。工诗词，通音律，擅书画，懂医道，长于金石古器之鉴，而以词人著称于世，其词多表现对清王朝覆灭的悲痛，所著有《大鹤山房全集》。

清湘老人

畫巖居秋
静純以渴墨
壇岸猶鴟意樣
之致擻以
嵩壽石民大雅
鑒心
鶴道人寫於
吳小城東之
石芝坨

36. 清　胡术　独立数归鸦图横披

纸本设色　纵 48.5、横 121 厘米

胡术（生卒年不详），字仙锄，浙江萧山人。海上名
家之一，清末在上海以卖画为生。工人物、仕女，亦
擅山水、花鸟，师法费丹旭、任熊，又上窥陈洪绶，
近接任渭长，用笔圆劲，设色妍丽，别具一格。

独立歇归鸦

37. 近代　夏敬观　山水图轴

纸本　纵66.3、横33.2厘米

夏敬观（1875～1953），字剑丞，一作鉴
丞，又字盥人、缄斋，晚号呋庵，别署玄修、
牛邻叟，江西新建人，生于长沙，晚寓上海。
近代江西派词人、画家。工诗擅词，亦能绘
画，所著有《忍古楼诗集》等。

38. 近代　贺良朴　山水图轴

绢本　纵104.5、横39.3厘米

贺良朴（1861～1937），字履之，号篑庐，
别号南荃居士，蒲圻赵李桥（今属湖北赤
壁）人。前清拔贡。少年时从其堂伯父贺寿
慈学习诗画，后任上海广方言馆监督。民国
时期任北京美专教授，应蔡元培之邀任北京
大学画法研究会导师。早期宗法四王，工山
水，兼人物花鸟，笔意疏朗，恪守中国传统
画法规。

39. 近代　萧俊贤　山水图轴

纸本　纵82、横41.3厘米

萧俊贤（1865～1949），字屋泉，号铁夫，别署天和逸人，湖南衡阳人。斋名净念楼。早年从苍崖法师、沈咏荪学画。应李瑞清聘，曾任教于两江优级师范学堂图画手工科。民国初年居北京，曾任教于国立北平艺术专科学校。晚年寓沪卖画为生。长于山水，兼作花卉。

40. 近代　吴嘉行　山水图轴

纸本　纵56.5、横35.5厘米

吴嘉行（生卒年不详），号觚庐，江苏无锡人。工画山水，学石涛，有淋漓之致。

41. 近代 林纾 青绿山水图轴

绢本 纵104.4、横39.5厘米

林纾（1852~1924），字琴南，号畏庐，别署冷红生，闽县（今福建福州）人。近代文学家、翻译家。能诗，能文，能画，有狂生的称号。所作古文为桐城派大师吴汝纶所推重，名益著，因任北京大学讲席。工诗古文辞，以意译外国名家小说见称于时。复肆力于画。山水初灵秀似文徵明，继而浓厚近戴熙。偶涉石涛，故其浑厚之中颇有淋漓之趣。

42. 近代 顾颐 山水四条屏

纸本 纵147.2、横40.5厘米

顾颐（1865～1930），字乐之，苏州人。幼承家学，擅山水，宗法沈
周、文徵明，为海上名画家之一。1908年为保护苏浙铁路权与倪田、陆
恢等参加书画集股保路会。1924年3月成立江南慈善书画会，与王震分
任正副会长。1928年与王震、沈心海等发起成立上海国画研究社。

43. 近代　钱铸九、唐云、朱屺瞻
岁寒幽居图轴

纸本　纵 105、横 40 厘米

钱鼎（1896～1989），字铸九，号淡水，江苏青浦（今属上海）人。擅长风景、花卉，尤擅绘松。出版有《钱鼎国画》《钱鼎铅笔速写》等画集。

唐云（1910～1993），字侠尘，别号药城、药尘、药翁，唐云是他成为名画家后用的名字，浙江杭州人。画室名大石斋、山雷轩。擅长花鸟、山水、人物，可谓诗书画皆至妙境。

朱屺瞻（1892～1996），名增钧，号起哉、二瞻老民，江苏太仓人。斋名有梅花草堂、癖斯居、养菖蒲室、修竹吾庐。八岁起临摹古画，中年时期两次东渡日本学习油画，后主攻国画。擅山水、花卉，尤精兰、竹、石。

44. 近代　黄山寿　青绿山水图轴

纸本　纵95.5、横44.5厘米

黄山寿（1855～1919），原名曜，字旭初，别字旭道人，晚号旭迟老人，又号丽生，武进（今江苏常州）人。官直隶同知。幼年贫困，一志于书画，书工唐隶北魏及郑燮、恽寿平，得其神韵。画则人物、仕女、青绿山水、双勾花鸟及墨龙、走兽、草虫、墨梅、竹石，无一不能。

高阁联峰 仿新罗大意

揖君先生方家法正 刘心僧

45. 近代　刘心僧　山水图轴

纸本　纵105、横49厘米

刘心僧（生卒年不详），湖南人。擅山水。

46. 近代 汤涤 雨过春江图轴

纸本设色 纵104、横46厘米

汤涤（1878～1948），武进（今江苏常州）人，字定之，号乐孙，亦号太平湖客、双于道人、琴隐后人，江苏武进（今江苏常州）人。室名画梅楼、茗闲堂。工书擅画，擅写山水、仕女，尤擅画松、竹、梅。

47. 近代　樊浩霖　溪山雨霁图轴

纸本设色　纵42.3、横22.4厘米

樊浩霖（1885～1962），字少云，江苏崇明（今属上海）人。幼随父樊子云习肖像，后师从陆恢学画山水、花卉、人物，中年移居上海，卖画为生，后为上海市文史馆馆员。山水宗恽寿平等，人物近费丹旭，画花多以古法写生。

48. 现代 黄君壁 山水图轴

纸本设色 纵102.6、横45.6厘米

黄君壁（1898～1991），本名
韫之，别名允瑄，以号行，广州
人。国画大师，工山水，早年师
渐江，中年宗夏圭法，所画山
水，笔墨氤氲，气势雄壮。偶作
工笔仕女及花鸟，清新秀逸。

49. 现代 张大壮 秋麓晴云图轴

纸本设色 纵47.2、横105.2厘米

张大壮（1903～1980），原名颐，又名心源，字养初，号养庐，别署富春山人，浙江杭州人。章炳麟（太炎）外甥。曾为中国美协会员，上海中国画院画师。擅花鸟，宗法恽寿平、华嵒，兼取黄筌、徐熙，所作妍丽清润，秀美动人。晚年渐涉徐渭、陈淳、朱耷等人，笔墨老辣，纵放洒逸。喜绘蔬果、虾蟹之类，生动活脱，别具韵致。偶作山水，近王原祁，生涩清劲。工书法，能治印。与江寒汀、唐云、陆抑非合为现代四大花鸟画家。

秋麓晴雲

50. 现代　施翀鹏　山水图轴

纸本　纵43.5、横23.2厘米

施翀鹏（1908～2003），字扶九，号南池，崇明新河镇人。现代著名诗、书、画家。1928年毕业于上海美术专科学校艺术教育系，并从当代著名山水画大家萧屋泉为入室弟子。擅长山水画，亦长于诗，工书法，曾多次举办过个人画展。

红杏梢头挂酒旗 绿杨枝上啭黄鹂 鸟声
花影留人住不赏东风也是痴 庭
瑞麒先生雅正 辛卯夏日写于瑞居室朱梅邨

51. 现代 朱梅村 坞山烟柳图轴

纸本设色 纵136、横34厘米

朱梅村（1911～1993），名兆昌，自署独
眼半聋居士，号花野渔父，吴县（今江苏苏
州）人。幼年从师樊少云，13岁起随从舅父
吴湖帆习画。

人物

1. 清　诸升、戴有　竹林七贤图轴

绢本设色　纵180.5、横97厘米

诸升（1618～？），字日如，号曦庵，仁和（今浙江杭州）人。擅画兰花竹石，师鲁得之，笔劲利匀整，所绘雪竹尤佳。

戴有，生平待考。

2. 清　王树榖　仕女婴戏图轴

绢本　纵96、横43厘米

王树榖（1649～？），字原丰，号无我，又号鹿公、方外布衣，晚号栗园叟，仁和（今浙江杭州）人。擅画人物、走兽。人物笔法师陈洪绶而得其清稳，尤精于白描，所作衣纹秀劲，设色古雅，一时工人物者无出其右。

3. 清　郑岱　赤松子图轴

绢本设色　纵149、横19厘米

郑岱（生卒年不详），字在东，号澹泉，一号瑞石山人，钱塘（今浙江杭州）人。与华嵒为诗画友，嵒以逸胜，岱以能胜。画仕女、花卉，笔极苍劲，山水尤佳。

4.清 俞龄 文姬归汉图轴

绢本 纵145、横68.5厘米

俞龄（生卒年不详），字大
年，浙江杭州人。工山水、人
物。画马如得曹、韩心传。至
图写凡兽，精神骨相尤妙。

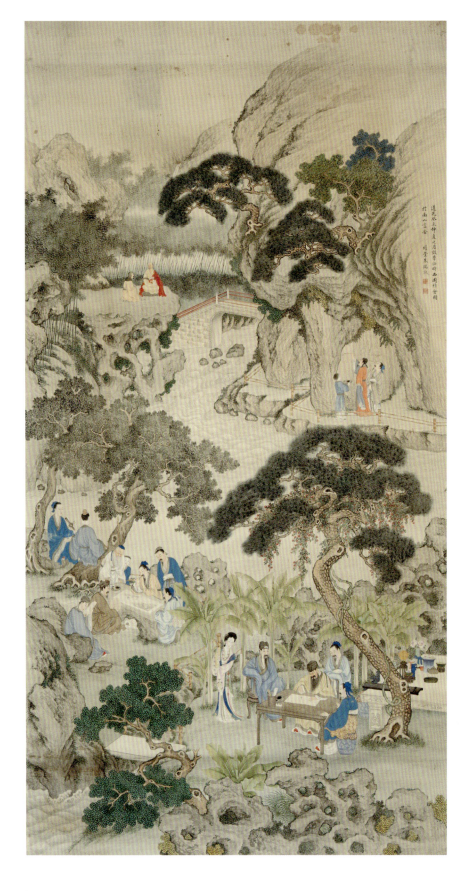

5. 清　朱瑞凝　西园雅会图轴

纸本　纵225、横119厘米

朱瑞凝（生卒年不详），原名瑞宁，字积堂，浙江绍兴人。擅人物、山水、花卉。

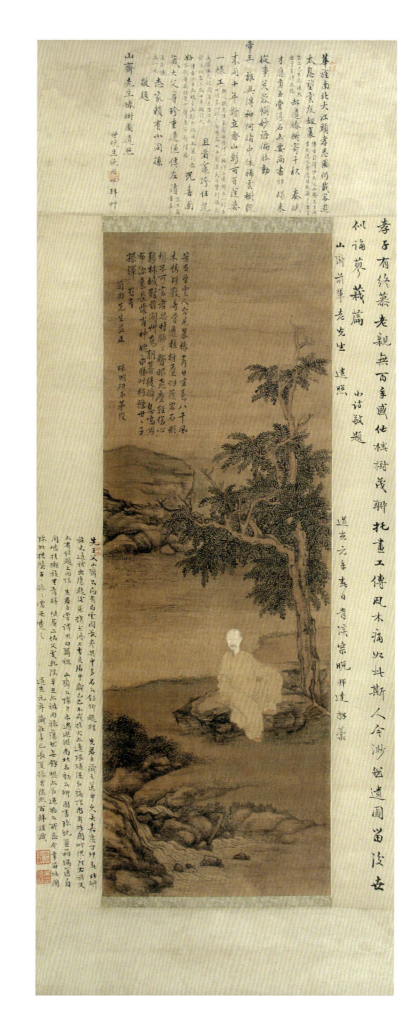

6. 清　茅俊、张宗苍　施山斋遗照图轴

绢本　纵90、横32厘米

茅俊，生平待考。

张宗苍（1686～1756），字默存，江苏苏
州人。师承清代娄东画派的传人黄鼎。擅
画山水，代表作有《吴中十六景》等。

7. 清　方梅　竹隐图轴

绢本　纵165、横97厘米

方梅（生卒年不详），字雪坡，山阴（今浙江绍兴）人。清嘉道年间书画家。其山水、花卉、人物无不精妙，尤长画梅。工诗，擅草书。

8. 清 朱鼎新 无量寿佛图轴

纸本 纵120、横49.5厘米

朱鼎新（生卒年不详），号晓崖，温州鹿城人。擅花卉及人物仕女，古秀妍雅，有仇英遗意。偶写山水，得文徵明心印。

一庭春雨锁重门，难寻旧梦
痕花压东阑寒食近蕉铛无语
又黄昏　冰壹琴主潘振镛

9. 清　潘振镛　春夜咏读图轴

绢本　纵85、横31厘米

潘振镛（1852～1921），字承伯，号雅声，自称仌壹琴主，晚署讷钝老人，又署钝叟，秀水（今浙江嘉兴）人。潘大临之子。工书、画。仕女法费丹旭，清轻淡雅，洁净无尘。花卉师恽寿平，书法亦似之。间作山水，法近文徵明，唯不恒作。传世者以仕女居多。与沙山春、吴嘉猷并为三绝。

10. 清　王意亭　听泉图轴

纸本　纵129、横65.5厘米

王意亭（生卒年不详），又名懋钦，号老铁，别号去迟山人。能绘人物、山水、花鸟、草虫。光绪年间卖画于上海，与朱梦庐、钱慧安、舒萍桥、少山春等并驾。

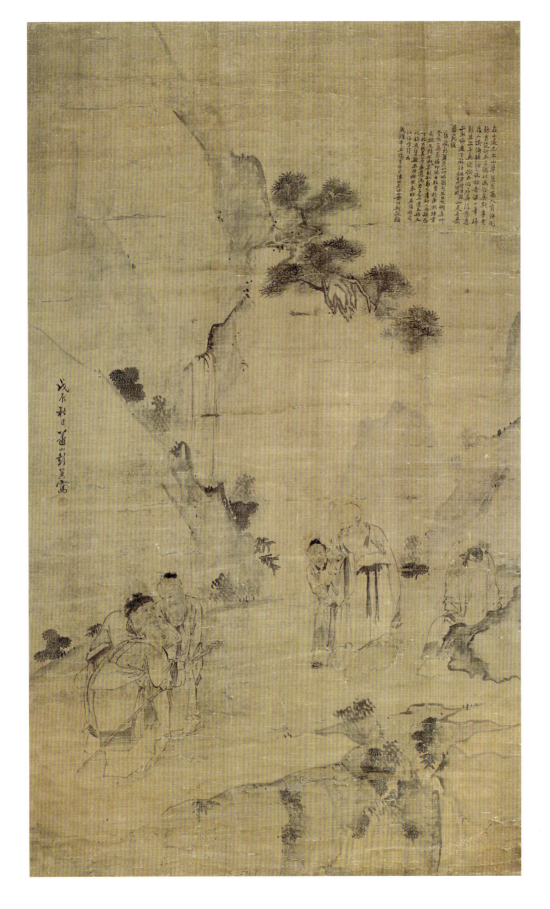

11. 清　彭翼　四皓图轴

绢本设色　　纵95、横58.5厘米

彭翼，生平待考。

12. 清 李修易、徐宝篆 仕女图轴

纸本设色 纵127、横33厘米

李修易（1811~1861），字子健，号干斋，浙江海盐诸生。擅画山水花卉，与妻徐宝篆合笔尤佳。并精治印，朱文尤工致可观。

徐宝篆（1810~1885），字湘君，号湘雯。擅绘仕女，衣褶发饰，精细绝伦。夫李修易故后，仍致力于绘事，远近慕之。

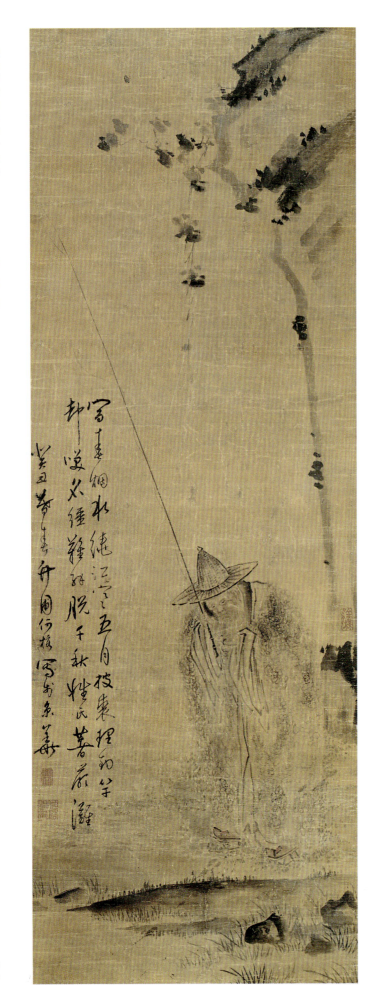

15. 清　何榕　老翁垂钓图轴

绢本设色　纵121、横42.5厘米

何榕，生平待考。

16. 近代 吴琴木 佛图轴

纸本 纵105、横27.3厘米

吴琴木（1894～1953），名桐，号琴木、冷枫居士，浙江震泽人。后定居江苏常熟，以卖画为生。师从樊少云，擅山水画，画风近四王而趋于甜柔。

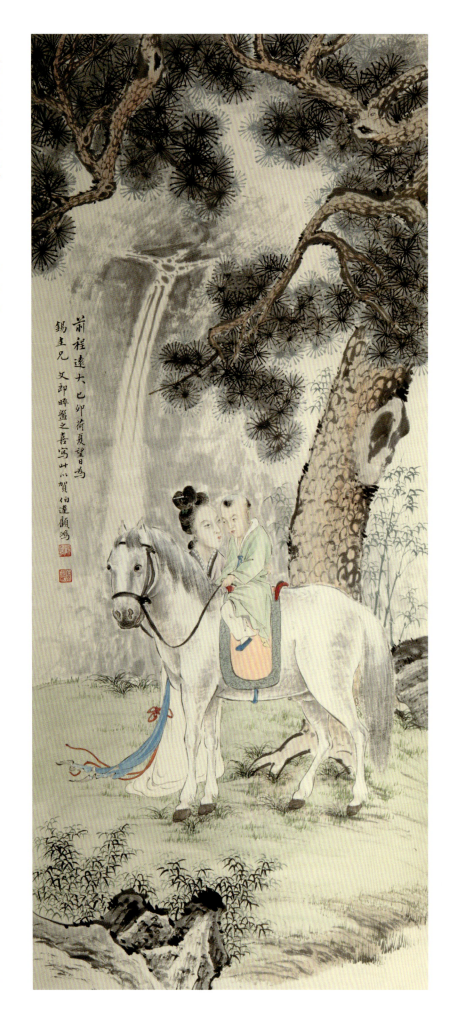

前程远大、巳卯荷夏望日为

锡圭兄 艾郎晖鲝之喜写此以贺 伯达顾鸿

17. 近代 顾鸿 人物图轴

纸本 纵114、横49.1厘米

顾鸿（1903～1968），字伯达，上海松江人。工画山水，花卉皆俊逸。生前为中国美术家协会会员、江苏画院画师。

18. 近代 吴观岱 垂钓图轴

纸本 纵135、横43.5厘米

吴观岱（1862～1929），初名宗泰，字念康、观岱，四十岁后以字行，号洁翁，别号有小梅花庵主、鱼陆散人、溪山画隐、瓻饮道人等，晚号江南布衣号，江苏无锡人。工书擅画，山水人物兼妙，尤擅画梅。为"江南四吴"之一。

杭州市萧山区第一次全国可移动文物普查成果

洞陰如水绕銀塘 紈扇輕携 納晚涼 愛著綺羅衫手薄

亦他滿袖荷花香 乙丑仲夏以應 兆耕仁兄之屬恭賀

敬先生 新屋落成之喜

葉曼叔 寫於沱江雲濤館

19. 近代　叶曼叔　仕女图轴

纸本　纵74.5、横24.5厘米

叶曼叔（生卒年不详），又作曼殊，字培橚。寓居海上，鬻画自给，是海派著名画家。擅工笔花鸟、人物、山水，以改费仕女人物画为最佳。

自譜新詞韻最嬌 小紅低唱我吹簫
曲終過盡松陵路 回首煙波十四橋

白石翁句己丁未仲秋 石湖莊羅山人筆

嵩壽仁兄先生雅屬 心海沈兆涵 滬瀆寄舍二

20. 近代 沈心海 吹簫图轴

纸本设色 纵65.3、横45厘米

沈心海（1855～1941），字兆涵。擅书画。宣统元年（1909）与钱慧安、杨葆光、吴俊卿、高邕创办上海豫园书画善会，并曾任会长。

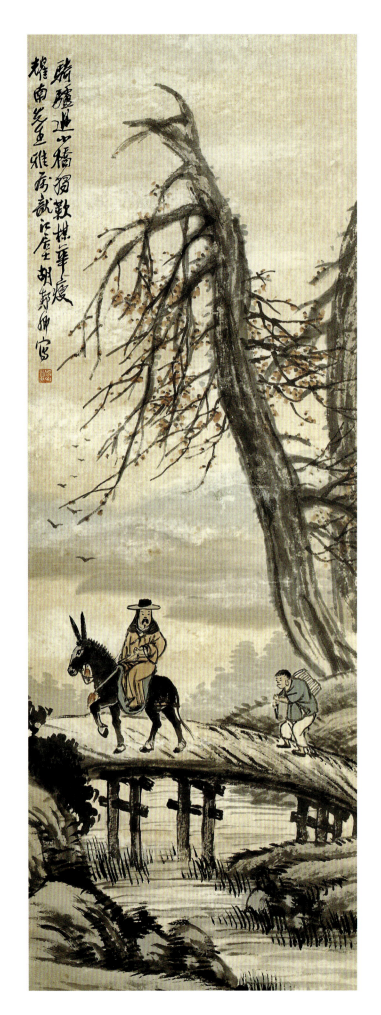

21. 近代　胡郯卿　骑驴过桥图轴

纸本设色　纵124.7、横44.7厘米

胡郯卿（1865～？），名伯翔，号龙江居士，又号醉墨香主，江苏江宁人。曾与洪庶安合组青漪馆书画会于沪上。工画，山水、人物、走兽无不精妙，富收藏，精鉴赏。

达摩尊者面壁图

戊腾二
佛化纪

华佛

22. 近代 钱化佛 达摩面壁图轴

纸本设色 纵110、横40厘米

钱化佛（1884～1964），名苏汉，字玉斋，
武进（今江苏常州）人。早年留学日本，参加
同盟会。专绘佛像，亦取"万佛楼"为其室名。

花鸟

3. 清　陈同寿　仿白阳山人花鸟图轴

纸本　纵 128.5、横 46 厘米

陈同寿，生平待考。

4. 清　朱偁　仿石涛花鸟图轴

纸本　纵 170、横 47 厘米

朱偁（1826～1900，一作1826～1899），早岁名琛，后更名偁，字梦庐，号觉未，别署鸳湖散人、玉溪外史、玉溪钓者、鸳湖画史、胥山樵叟，浙江嘉兴人。朱熊之弟。工花鸟，初法张熊，后师王礼，神似华喦，在上海书画界享有盛誉。

5. 清　无款　梧桐栖凤图轴

绢本　纵 279、横 62.5 厘米

6. 清　陆森　玉堂金马图轴

绢本　纵 166、横 97.5 厘米

陆森（生卒年不详），字梅庄，山阴（今浙江绍兴）人。擅花卉禽虫。

玉堂金馬

乾隆庚寅歲首夏上浣二日
倣宋人筆意
椿山陸森

7. 清　恽源浚　梅竹双雀图轴

绢本　纵 164、横 59.5 厘米

恽源浚（生卒年不详），字哲长，号铁箫，武进（今江苏常州）人。恽寿平族裔。官天津县丞。行楷极雅趣，花卉款字俱仿寿平，颇能神肖，水墨写生尤得神韵。

8. 清　张敔　水墨花鸟图轴

纸本　纵 162、横 43 厘米

张敔（1734～1803），字虎人，又字茝园，一字芷园，亦作芷沅，号雪鸿，又号木者（一作木香），晚号止止道人，先世安徽桐城人，迁江宁（今江苏南京），籍山东历城。乾隆二十七年（1762）举人，官湖北房县知县。张敔能书，工诗，擅画山水、人物、花卉、禽虫，白描设色无不工妙，随意挥洒，笔气豪纵。

空香泼手

雨情墨味
潑墨作荷葉難得
發飄處之偶為之

辛丑正月仿古四種以奉
雄英仁兄大人法正 吴江陸恢畫並記

9. 清 俞礼 梅花图轴

纸本 纵 75.8、横 40.5 厘米

俞礼（1862～1922），字达夫，别署随庵，
山阴（今浙江绍兴）人。任颐高弟，人物、
山水、花卉尽得师传。在沪卖画四十余年，
中年后改仿徐渭，参金农笔法，画格一变。

10. 清 陆恢 荷花蜻蜓图轴

纸本 纵 100、横 39.1 厘米

11. 清 吴徵 玉堂富贵图轴

纸本 纵 109.6、横 38.3 厘米

12. 清　沙馥　松树花鸟图轴

纸本　纵125、横33.4厘米

沙馥（1831～1906），字山春，江苏苏州人。马仙根弟子，画学甚深，笔致妍秀，所作人物及花卉无不精妙。

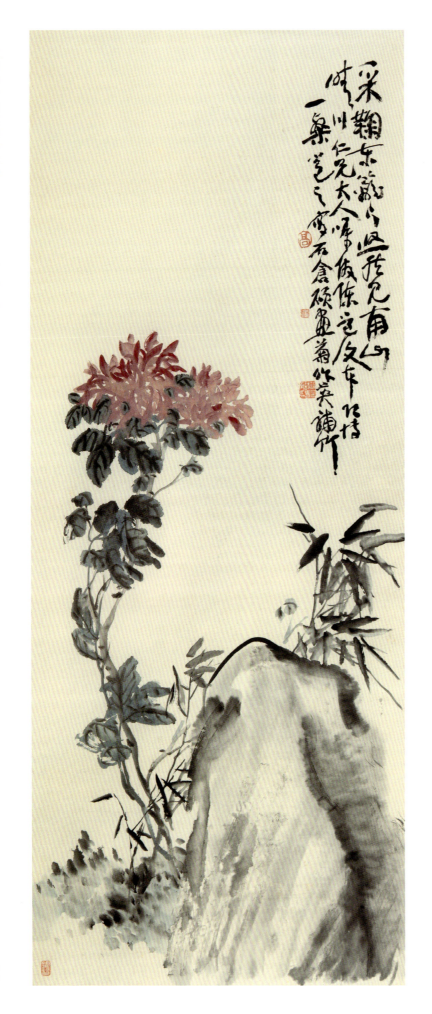

13. 清　蒲华、吴昌硕、高邕
花卉图轴

纸本　纵 132、横 53.5 厘米

蒲华（1839～1911），原名成，字作英，亦作竹英、竹云，号胥山野史、种竹道人、胥山外史，浙江嘉兴人。室名九琴十砚斋、芙蓉庵。早年科举仅得秀才，遂绝念仕途，潜心书画，携笔砚出游四方，后寓居上海，卖画为生。擅花卉、山水，尤擅画竹，有"蒲竹"之誉。书法淳厚多姿。其画燥润兼施，苍劲妩媚，风韵清健。

吴昌硕（1844～1927），原名俊，字昌硕，七十岁后以字行，别号缶庐、苦铁，浙江安吉人。吴派篆刻的创始人，书法、绘画、篆刻、诗词无一不精，绘画以篆书笔法入画，线条凝练遒劲，气度恢宏古朴，浑厚苍莽。书法着力于《石鼓文》，深研数十年。他写的石鼓文自出新意，用笔结体一变前人成法，力透纸背，独具风骨。

高邕（1850～1921），字邕之，号李盦，自署苦李，更号赤岸山民、仁和（今浙江杭州）人，寓上海。官江苏县丞。工书，好李（邕）法，能以草书作画，孤谐苦心。画宗八大（朱耷）、石涛（道济），山水花卉，神味冷隽，迥不犹人。兼擅篆刻。

14. 清　翁雒　春花八哥图轴

绢本设色　纵 120.7、横 30.5 厘米

翁雒（1790～1849），字穆仲，名小海，江苏吴江人。翁广平之子。擅花草、鸟虫，尤精水族，画龟。尝被秦祖永评曰："草虫水族最不易写，小海笔精墨妙，生动尽致，可称能乎。"

15. 清　任熊　花卉图轴

纸本设色　纵 138、横 28.5 厘米

任熊（1820～1864，一作 1823～1857），浙江萧山人。师姚燮，深得宋人笔法。绘画全才，山水、人物等无一不能，画法宗陈洪绶，线条如银钩铁画，风格清新活泼。与其弟任薰，其子任预，其侄任颐并称"四任"。是海上画派的开派之祖，对近代画坛影响很大。

16. 清　丁文蔚　瑶池春咏图轴

纸本设色　纵 127.5、横 37 厘米

丁文蔚（1827～1890），字豹卿，号韵琴，又号蓝叔，浙江
萧山人。官福建长乐知县。工诗，擅书，画花卉师白阳（陈淳）、
南田（恽寿平）两家，秀雅古逸，篆、隶深得汉人古拙之趣。
又擅刻竹。家有大碧山馆，一时名士常与往还。

17. 清 任薰 花鸟四条屏

纸本设色 纵 133、横 32.5 厘米

任薰（1835～1893），字舜琴，又字阜长，浙江萧山人。任熊之弟。来往上海、苏州等地卖画，课徒为生。山水、花卉、人物无所不能，无所不精。与任颐、任熊、任预并称"四任"，为海上画派代表人物之一。

18. 清　蒲华　竹石图轴

纸本墨笔　纵 149.5、横 80.8 厘米

绘画卷

19. 清 倪田 松猴图轴

纸本设色 纵 123.5、横 34 厘米

倪田（1855~1919），初名宝田，字墨耕，又号璧月盦主，江苏江都人，侨上海。初学画于王素，后改学任颐。终身以卖画为生。擅画人物、仕女、佛像、禽兽、花卉，尤其长于画马。是清末海派重要的画家。

20. 近代 王震 寿桃图轴

纸本 纵 140、横 68.5 厘米

王震（1867~1938），字一亭，号白龙山人，吴兴（今浙江湖州）人，生于上海。早年学习任伯年画法，中年后拜吴昌硕为师，曾参与发起豫园书画善会。好佛，曾任中国佛教教会会长。著有《白龙山人诗稿》等。

21. 近代 赵叔孺 秋郊欢马图轴

纸本 纵 152.8、横 40 厘米

赵叔孺（1874～1945），原名润祥，字献忱、叔孺，后易名时棡，号纫苌，晚号二弩老人，鄞县（今浙江宁波）人。名其室曰双弩机。精金石、书画，尤好画马，晚工花卉、翎毛、草虫。刻印宗秦汉，参于宋元，而自成一家。有《二弩精舍印谱》等。

傅延年石敢當寫此圖祝壽康
肇基先生雅正 丁亥冬 商笙伯 年七十有九

22. 近代 商笙伯 菊石图轴

纸本 纵105.2、横48.7厘米

商笙伯（1869～1962），名言志，字笙伯，以字行，号安庐，嵊县（今浙江嵊州）长乐镇人。新中国成立后被聘为上海文史馆馆员、上海国画院画师，为中国美术家协会上海分会会员。

23. 近代　胡振　猫花卉图轴

纸本　纵 103.7、横 33 厘米

胡振（1884 ~ 1943），字汀鹭，一字瘖蝉、瘖公，江苏无锡人。花鸟初学张子祥（熊）任伯年（颐），上追青藤（徐渭）白阳（陈道复），参以写生，浑厚秀逸，兼而有之。山水初学沈周、唐寅，继参马远、夏圭，雄伟淋漓，自成一家。书学翁方纲。历任南京美专教职，办无锡美专。

24. 近代 金梦石 猫蝶图轴

纸本 纵112、横32厘米

金梦石（1869～？），名龢，字梦石，以字行，吴县（今
江苏苏州）人。上海书画研究会会员，海上画派代表之一。
工人物、花卉、翎毛。写意画，苍莽间率，笔意奔放，极具
高致。

25. 近代　蔡铣、王伟　花卉图轴

纸本　纵 31.3、横 37.2 厘米

蔡铣（1897～1960），字振渊、震渊，江苏苏州人。以工笔画著称，线条挺秀，落笔细腻，用笔得法，设色妍艳，极具富贵气息。画猴、松鼠是其独到之笔，人称"蔡猢狲"、"蔡松鼠"。书法能楷、行，有恽南田韵味。

王伟（1885～1950），本名纬，后改伟，字师梅，四十岁后更号师子，曾居上海麦加里，用谐音号墨稼居士，别署墨翁，江苏句容人。工书擅画，喜吟咏。擅花卉鱼虫，尤工鲤鱼，宗华嵒、陈淳、恽寿平诸家。用笔秀逸，设色鲜丽。书法以秦诏版为宗。亦能治印，凡治钟鼎篆隶之文，能神完气足。

26. 近代　陈摩　花卉图轴

纸本　纵 145.5、横 41.5 厘米

陈摩（1886～1945），字迦盦、迦庵、伽庵、伽盦、迦仙，别号迦蓝陀，江苏常熟人。其书画师从江南老画师陆恢（廉夫），得其笔法，山水人物、翎毛花卉、虫鸟走兽，无所不能，无所不精，尤以花鸟为最。章法新奇，用笔生动，往往笔致腴润丰厚，画意灿烂，有十三峰之风度。

27. 近代　易大厂　花卉图轴

纸本　纵 119、横 32.5 厘米

易大厂（1874～1941），原名廷熹，易名孺，号季复、魏斋、韦斋、孺斋、屯公、念公等，广东鹤山人。精研书画、篆刻、碑版音韵、文字源流、乐理等，为陈兰甫嫡传弟子。曾任暨南大学、国立音乐院等教授，印铸局技师等。生平自诩词第一，印次之，音韵又次之。诗文下笔即成，从不起稿。著述宏丰。

28. 近代 张善子 荷花图轴

纸本 纵 134、横 33.5 厘米

张善子（1882~1940），本名张泽，字善孖，一作善子，又作善
之，号虎痴，四川内江人。张大千的二哥。张善子亦工画，除山水人
物外，尤擅画虎，被称为"虎痴"。

29. 近代　金健吾　花鸟图轴

纸本　纵 43、横 22.3 厘米

金健吾（1891～?），名余屯，安徽盱眙（今属江苏）人。寓扬州，又至上海。工绘画，擅人物、花卉，靡不工致。

30. 近代　徐小隐　花鸟图轴

纸本　纵 129.1、横 38 厘米

徐小隐（1905～1949），名华，浙江嘉兴人。仲光勋弟子。善画，尤工花鸟，宗法南田，兼擅人物、山水，功力深邃，探究六法，垂二十年，设色雅艳，秀逸天成。

鸳鸯立一枝 母心老未杉

有萧毅集

耀祖仁兄雅属 高翬

集此 甲申首似

岁寒守旧柯正气

冨作梅王阁 時年六十五七

31. 近代　高野侯　梅花图轴

纸本　纵 103、横 46.2 厘米

高野侯（1878～1952），字时
显，号欣木、可庵，杭县（今浙
江余杭）人。清末举人。精鉴
定，富收藏，以古今名人梅花作
品为多，有"五百本画梅精舍"
之称。擅画梅花，工篆刻。

32. 近代　程璋　花鸟猫图轴

纸本设色　纵 113.6、横 34.8 厘米

程璋（1869～1938），原名德璋，号瑶笙，原籍安徽新安，移居江苏泰兴，后寓上海。早年为学徒，后从杨润之学画。曾执教常州艺术学校、清华大学等。早年学没骨花卉，中年后变法，将写生法与传统笔墨熔于一炉。

33. 近代 余绍宋 墨竹图轴

纸本墨笔 纵 130、横 34 厘米

余绍宋（1883～1949），字越圆、樾圆，别署寒柯，浙江龙游人。擅写木、石、松竹，间作山水，喜用焦墨，纷而不乱，气韵盎然。书宗章草。自称字第一，竹次之。能诗，精鉴赏。曾从政，也是方志大家，多著作。

34. 近代　朱文侯　松猴图轴

纸本设色　纵 112、横 39.5 厘米

朱文侯（1895～1961），名嘉，以字行，浙江平
湖人。1949 年后任上海中国画院画师，上海文史
馆馆员，民革成员。擅画走兽，尤以狮、虎、猿、
鹿等最为出色。写花鸟，由北宋双勾入手，参以
新罗山人笔法，工写皆能。

35. 现代　江寒汀　花鸟图轴

纸本　纵 105.5、横 47.4 厘米

江寒汀（1904～1963），名上渔，字寒汀，江苏常熟人。幼喜绘画，十六岁即从师陶松溪。曾任教于上海美专中国画系，1956 年入上海中国画院任职。擅长工笔及写意花鸟，亦精金石。

36. 现代　汪亚尘　荷花图轴

纸本　纵 114.5、横 40.4 厘米

汪亚尘（1894～1983），原名松年，字云隐，杭县（今浙江杭州）人，原籍安徽太平（今黄山）。画家，美术教育家。1915 年曾与陈抱一等人组织中国第一个画会组织"东方画会"。历任上海美专教授兼教务主任，新华艺术专科学校教务长，新华艺术师范学校校长。擅鸟、虫、鱼、兽，尤以金鱼闻名。作画勤奋，有"画砧子"的雅号。书法学二王，近受益沈尹默。

37. 现代　金鼎　花卉图轴

纸本　纵 99、横 35 厘米

金鼎（生卒年不详），字耐青，河北大兴（现属北京）人。工书，精刻印，擅画花卉。

38. 现代 陆抑非 花鸟图轴

纸本 纵84.2、横33.5厘米

陆抑非（1908～1997），名翀，初字一飞，1937年后改字抑非，江苏常熟人。杰出的中国花鸟画大家和卓越的美术教育家。擅长花鸟画，所作题材广泛，生机盎然。早年多作工笔重彩，取法宋代院体及明代林良、吕纪；中年长于没骨，得力于南田、新罗及海派诸家，艳而不俗，工而不滞；晚年求变，深入青藤、白阳之堂奥，旁及八大、石涛、缶翁，又以书入画，笔墨生辣朴茂，而不失清丽典雅之韵味。其行草书从孙过庭、怀素化出，意到笔随，流走自然。

39. 现代 吴似兰 菊石图轴

纸本 纵 60.3、横 25 厘米

吴似兰（1908～1964），字绿野，又字庆生，吴县（今江苏苏州）人。其兄吴子深。受业于颜元，工画兼擅摄影，组织娑罗花馆画社，任苏州美专教授兼校董。

40. 现代 孔小瑜 双羊图轴

纸本 纵 40.6、横 20.6 厘米

孔小瑜（1899～1984），名英，后改宪英，以字行，出身慈溪，祖籍山东曲阜。曾为中国美术家协会会员，安徽书画院副院长。擅长花卉博古，追求形象逼真，笔逸松动逸格。广涉人物、翎毛、走兽、鱼虫。

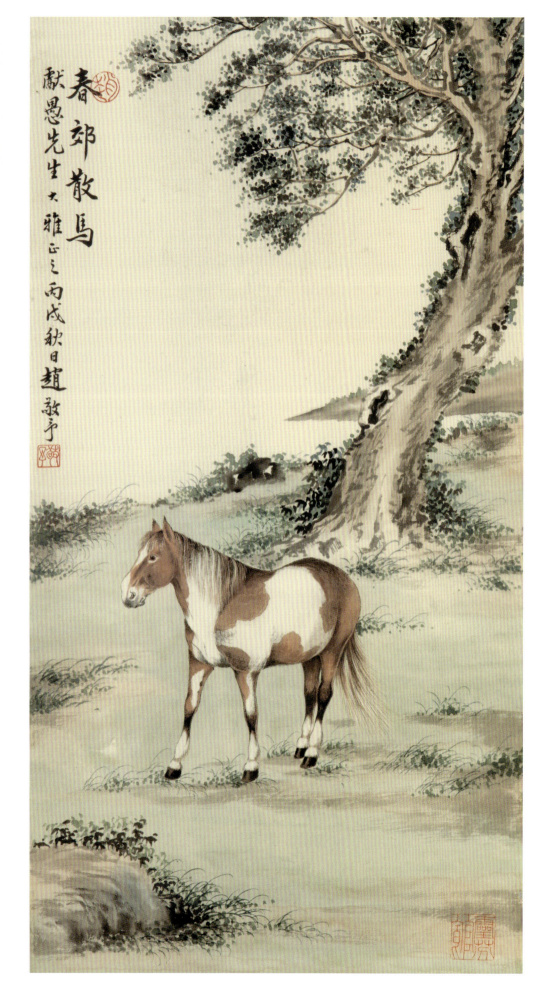

41. 现代　赵敬予　春郊散马图轴

纸本　纵 43.5、横 23.5 厘米

赵敬予（1902～1993），一名琚，一作铭恭，号灵芬馆主，浙江鄞县（今宁波）人。赵叔孺之子。工花卉、翎毛、走兽，画马师赵松雪，绘马逼肖其父，余则花鸟走兽设色幽丽，造型逼真动人。为海派八大名家之一。

42. 现代　王个簃　花果图轴

纸本设色　纵108、横39.8厘米

王个簃（1897～1988），名贤，字启之，籍贯江苏海门。擅长中国画、书法、篆刻。曾任上海新华艺术大学、中华艺术大学、苏州东吴大学、昌明艺术专科学校教授。新中国成立后，历任上海中国画院副院长、名誉院长、中国美术家协会理事，中国美术家协会上海分会副主席，中国书法家协会名誉理事，西泠印社副社长，上海交通大学美术顾问等职。

43. 现代 马万里 松鼠图轴

纸本设色 纵140、横69.7厘米

马万里（1904～1979），原名瑞图，字允甫，别署曼庐，晚号大年，江苏常州人。著名篆刻家，书画家。曾受业于邑中江南名士钱振煌，与词人谢玉岑相交甚笃。年十八入南京美术专科学校国画系。时梁公约授花卉及诗文，萧俊贤授山水。1924年毕业于南京美专，曾任上海美专、上海中华大学教授。擅花卉，兼工书法、篆刻。与张大千、徐悲鸿合作《岁寒三友图》。

44. 现代 唐云 竹鼠蔬果图轴

纸本设色 纵96.7、横33.5厘米

册页

1. 清　俞沧　花卉草虫图册

纸本　纵 23、横 22.5 厘米

俞沧（生卒年不详），字莲洲，号老莲，一号观海，山阴（今浙江绍兴）
人。俞骏之子。擅工笔花鸟草虫，用笔简洁，形神酷似。

花鸟图册（一至四）

2. 清　潘岚　花鸟图册

纸本　纵 30.5、横 32 厘米

潘岚（生卒年不详），字椒石，浙江绍兴人。画家潘骑省族孙，任
熊弟子。擅长花鸟、蔬果，所作诙诡野逸，章法颇奇。

花鸟图册（五至十）

花鸟图册（十一至十六）

设色山水图册（一至四）

3. 清　杨垲　设色山水图册

纸本　纵 25、横 25 厘米

杨垲，生平待考。

设色山水图册（五至八）

4. 清 赵领 山水图册

纸本设色　纵27、横22厘米

赵领（生卒年不详），字海引，号香海山人，山东博山人。赵执信之孙，
幼承家学，画山水擅名。

5. 清 黄树榖 山水图册

纸本墨笔 纵 22、横 25.5 厘米

黄树榖（1701 ~ 1751），字培之，号松石，仁和（今浙江杭州）人。能诗工书，
尤精小篆、八分。画山水，写兰竹，用笔皆从篆隶中得之。

仿巨然法
松石黄樹穀寫于五藐多

乾隆乙丑二月仿和松石黄樹穀仿雲林云

6. 清 倪耘 花鸟果品图册

绢本设色　纵 30、横 22 厘米

倪耘（？～1864），字芥孙，号小圃，石门（今浙江崇德）人。方薰外甥，幼承家学。写照外兼作花草，一尘不染，秀骨天成，间写山水，亦颇静致。画法恽寿平，与秀水陶淇称双绝。书法梁同书。

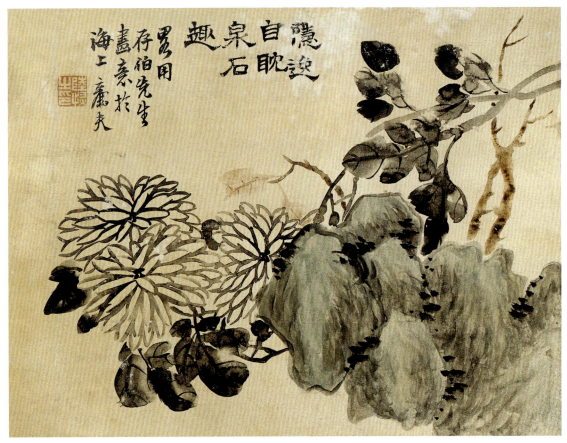

7. **清　陆恢　花鸟图册**

纸本设色　纵 27.3、横 36.5 厘米

曹雲西柯丹邱
倪元鎮皆以一
樹一石之微領其
風味即俯望斷
板野草窪花之
糟之有味不能之
少忽之 廉夫

鐵網珊瑚
廉夫

8. 清　陈璞　山水图册

纸本设色　纵 27.5、横 28 厘米

陈璞（生卒年不详），字赘身，浙江萧山人。工山水。

9. 近代 范松 山水图册

纸本墨笔 纵 24、横 29.5 厘米

范松（1872 ~ 1922），字守白，号积庵，山阴（今浙江绍兴）人。擅山水，
学黄公望，临摹极佳，能草书，精刻印，隐于医。

扇面

1. 清 沈唐 山水图扇面

纸本　纵 17.7、横 51 厘米

沈唐（生卒年不详），字树堂，号莲舟，钱塘（今浙江杭州）人。国子生。得指授于奚冈。而山水喜皴染，笔致苍浑，尤近娄东。后侨寓吴门，得雪樵散人讲究画理，艺学益进。

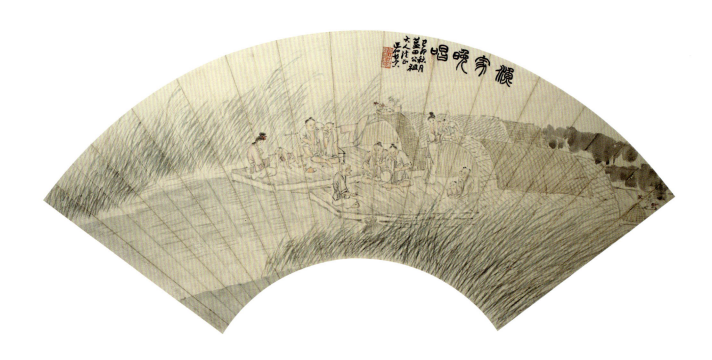

2. 清 胡寅 渔家晚唱图扇面

纸本　纵 17.7、横 50.7 厘米

胡寅（生卒年不详），字觉之，安徽歙县人，《海上墨林》作桐城人，客上海。胡璋之父。工画走兽。游吴门寓狮子林时，为寺僧画狮像巨幅，形神酷肖而笔仍雅饬。至于山水、人物、花卉、鱼鸟，无所不能。与嘉兴张公束（鸣珂）善，公束客江南提督李质堂军门戎幕时，与觉之等二十人结修梅阁书画社。

3. 清 黄鞠 菊花图扇面

泥金纸本 纵 16.8 、横 51.6 厘米

黄鞠（1796？～1860），字秋士，号菊痴，松江（今属上海）人，侨寓吴门（今江苏苏州）。擅山水及花卉，迥出时畦，独标胜韵。盖得力于恽寿平、王习居多。亦工人物、仕女，尤精制图。布置熨帖，寓整秀荒逸之中，斯为独绝。花卉能巨帧，大叶翁枝，尔有神趣。陶澍抚吴，修沧浪亭成，诸画家绘图，俱不当意，独鞠图为陶称赏，延之幕中。尝写莫愁、苏小小等像，均有石刻。兼长篆刻，并善诗书，笔姿秀逸。著《湘华馆集》。

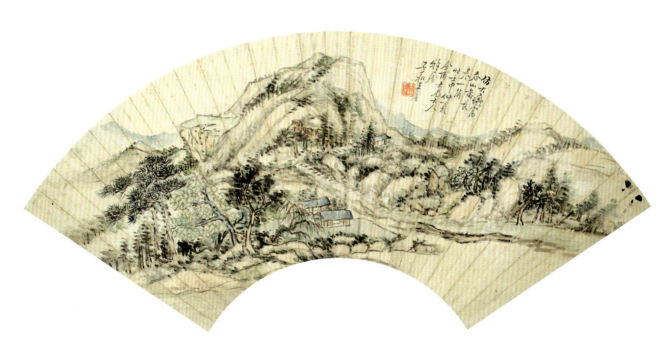

4. 清 王銮 山水图扇面

洒金纸本 纵 19.2 、横 54.6 厘米

王銮（1817～1890），一作鸾，字子和，富阳人。出身书香门第，祖父王义祖能书善画，颇有文名。王銮画学周凯，追踪元、明诸大家。早期作品工细秀丽，后转写意。山水大多取材本地风光，清丽萦合，有引人入胜之妙。人物多描绘名士、隐逸，造型生动，刻画入微。花鸟设色艳丽，生意勃然。尤擅画牡丹、翎毛，人得尺幅，如获拱璧。后人评其画曰："墨法既妙，设色更妙，沈雄奇。"为晚清海派六十家之一。

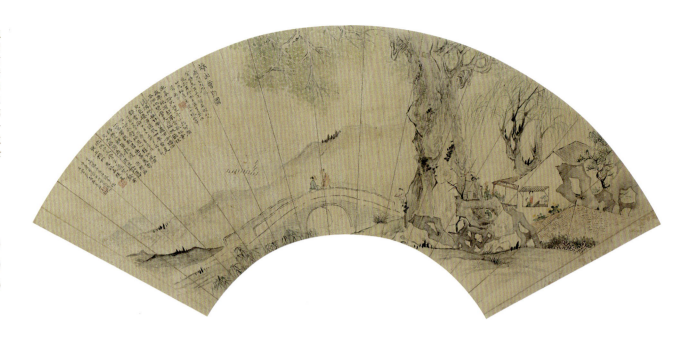

5. 清　孟毓森　山水图扇面

纸本　纵 16.6 、横 52.8 厘米

孟毓森（？～1850），字玉生，初名金辉，一作玉笙，又号玉箫生，甘泉（今江苏扬州）布衣。精鉴别，工刻印及四体书，皆非时下所知。山水、人物皆具古意，而有别致。以细字题款，诗跋亦妙。著有《二十四桥草堂集》。

6. 清　戴以恒　山水图扇面

洒金纸本　纵 17.8 、横 50.5 厘米

戴以恒（1826～1891），字用柏，钱塘（今杭州）人。戴熙次子（一作侄），山水得其正传。笔颇精细，屋宇几席，不爽铢黍。与杨伯润（佩甫）、张子祥（态）齐名。从学者百余人，远至日本、朝鲜，皆愿执弟子礼。夙工刻印，然绘事云涌，无暇操民。著《醉苏斋画诀》。

7. 清　陶焘　山水洒金扇面

纸本　纵 19.2 、横 53.5 厘米

陶焘（1825～1900），号诒孙（亦作字），又作诒生，晚号矩斋，又号东江老画师，江苏昆山周庄人。陶冷月之祖伯父。擅画山水，学董其昌，苍莽浑厚，不落恒蹊。笔意峭拔，皴法疏简，焦墨苍古，别有意趣。又能画松鹤，极古健。著有《箬溪渔唱集》。

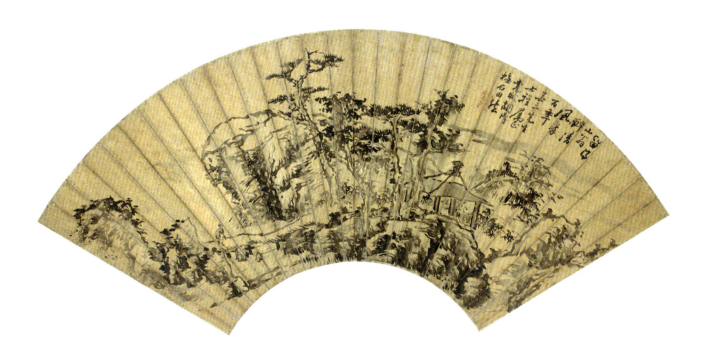

8. 清　胡璋　山水泥金扇面

绫本　纵 17.9 、横 51.5 厘米

胡璋（1848～1899），字铁梅，安徽桐城人。胡寅之子。久寓沪上，旋游日本，画名甚噪。工山水及人物、花卉，与王冶梅并以画梅得名，铁梅能腴，冶梅能瘦，并为巢林遗派。

9. 清 王荃 花鸟图团扇面

绢本 纵 25.6、横 26 厘米

王荃（生卒年不详），字友棠，上海人。朱偁弟子，工花卉。

10. 清　钱慧安　人物图团扇面

绢本　纵 24.4、横 24.5 厘米

钱慧安（1833～1911），初名贵昌，字吉生，号清溪樵子、退一老人，又号双管楼主，宝山（今属上海）人。钱慧安为
"豫园书画善会"首任会长，海派代表性画家之一。工人物、仕女，细笔干墨，笔意遒劲，神态闲雅，其调介于老莲、
十洲之间。亦擅花卉山水。晚岁用笔益趋劲峭。

松风涧水天然調抱得琴来不用弹時己丑午月簡廬仁兄大人雅正墨耕倪田

11. 清　倪田　山水图团扇面

绢本　纵 23.8、横 24.1 厘米

12. 清　周闲　竹石图团扇面

绢本　纵 23.9、横 24 厘米

周闲（1820 - 1875），字存伯，一字小园，号范湖居士，秀水（今浙江嘉兴）人，后侨上海。晚清著名词人，海派名家与篆刻家。擅画花卉，尤工篆刻。画笔秀劲，苍润醇厚，合陈淳、李鱓两家法，抒出己意。与任熊友契，故画风近熊而稍变其法。

13. 清　王礼　花鸟图扇面

纸本　纵 18、横 54.1 厘米

王礼（1813～1879），初名秉礼，字秋言，号秋道人、南翁道人（一作士），别署白蕉研主，一号蜗寄生，江苏吴江人，寓上海甚久。从沈石芗学写花鸟，劲秀洒落，笔如刻铁，爽利俊逸，颇有生趣。人物宗陈洪绶。

14. 清　谢瑞青　绿山水泥金扇面

纸本　纵 17、横 52 厘米

谢瑞青，生平待考。

15. 清　程庭鹭　水仙竹石扇面

纸本墨笔　纵 18.2、横 52.4 厘米

程庭鹭（1796～1858），初名振鹭，字绩真、问初，号绿卿，改名庭鹭，字序伯，号蘅乡、红蘅生等，晚又号庵，亦号梦盦，嘉定（今属上海）诸生。工词章，兼擅丹青、篆刻。

16. 清　杨伯润　山水扇面

纸本墨笔　纵 17.7、横 48.5 厘米

杨伯润（1837～1911），名佩夫，字伯润，号茶禅，别号南湖，又作南湖外史，浙江嘉兴人。杨韵之子，秉承家学，工诗，擅书画。书法颜真卿、米芾，骨秀天成，尤工行草。山水规摹董其昌，得其神髓。其画初尚浓厚，四十岁后始立门户，造诣精深，渐归于平淡，秀雅之气为诸家所莫及。喜用长锋紫须，点缀烟树，故出笔锋锐，气韵清邈。

17. 清　张熊　山水团扇面

绢本设色　纵 24.6、横 25 厘米

18. 清　胡远　梅花扇面

纸本墨笔　纵 19.5、横 52.5 厘米

19. 清　沙馥　儿童捉柳图扇面

纸本设色　纵 18.1、横 51.8 厘米

20. 清　任百衍　大碧山馆图团扇面

绢本设色　清代　纵 24.8、横 24.6 厘米

任百衍（生卒年不详），字吟秋，浙江萧山人。任熊族人。擅花卉，极秀雅，后改画杨柳，各季各显其态。

21. 清　陈豪　耕烟意境图团扇面

绢本设色　纵 27、横 27.9 厘米

22. 清 吴庆云 山水扇面

绢本设色 纵 24.8、横 24.5 厘米

吴庆云（？～1916），字石仙，以字行，号泼墨道人，上元（今江苏南京）人。流寓上海。山水气势雄厚，丘壑幽奇，初不为人重，既赴日本归，乃长烟雨法，墨晕淋漓，烟云生动，峰峦林壑，阴阳向背处，皆能渲染入微。故其晦明之机，风雨之状，无不一一幻现而出，此盖参用西法，又擅米芾、高克恭两家墨戏。唯气格较俗，无虚灵之气。

23. 清　陆恢、金心兰　山水团扇面

绢本设色　纵 25.4、横 27 厘米

24. 清　胡术　花鸟团扇面

绢本设色　纵 24.3、横 25.5 厘米

25. 清　周鏞　江柳图扇面

纸本设色　纵 17.9、横 51.7 厘米

周鏞（生卒年不详），字备笙，号跃鹤，浙江杭州人，寓上海。海上六十名家之一，张熊弟子，山水得"四王"神髓，书法得高邕传。

26. 清　郑文焯　溪堂秋话图团扇面

绢本设色　纵 23.3、横 24 厘米

27. 近代　袁培基　山水团扇面

绢本设色　直径 24.3 厘米

袁培基（1856～1943），字幼辛，号雪庵居士、雪庵叟，吴县（今江苏苏州）人。民国时期吴中的山水画家。曾拜谒吴大澂于双林巷，切磋画艺。因见吴大澂画山水功力浑厚，秀逸苍古，棋高一着，才致力于山水，追宗黄公望、沈石田一路。但其又喜创稿，不拘于古人范本，常郊游于真山真水间，故落笔不凡，构图时出新意，自得天机造化的真趣。但终因出门不多，见识尚有局限，故而直至晚年，画风变化不大，似少大家风姿。

28. 近代　沈心海　人物扇面

纸本设色　纵 18.3、横 52.5 厘米

29. 近代　王震　竹杖芒鞋图扇面

纸本设色　纵 18.5、横 49.5 厘米

后记

　　通过第一次全国可移动文物普查，萧山区共发现收藏有可移动文物的国有单位9家，登录文物4282件（套），其中书画数量最多，占1/3以上。本书是在此次书画普查数据资料的基础上对绘画作品进行甄选编辑而成，是对普查工作的一个小结，也是对普查成果的进一步巩固。书中未注明收藏单位的藏品均为萧山博物馆收藏，特此说明。

　　本书的完成是全区文物普查工作者共同努力的成果，在此对他们的辛勤劳动表示衷心感谢。同时感谢杭州市萧山区博物馆、中共杭州市萧山区委党史研究室、杭州市萧山区衙前镇人民政府、杭州市萧山区义桥镇人民政府、杭州市萧山区临浦镇人民政府、杭州市萧山区第二高级中学、萧山区湘湖初级中学、杭州市萧山区革命烈士陵园管理所、浙江湘湖旅游度假区经营管理有限公司等9家国有收藏单位的大力支持和协助。

　　由于编者学识水平有限，书中难免有疏漏谬误之处，敬请广大读者批评指正。